Friedrich Richter

Eine Liedergabe in schwäbischer Mundart für Jedermann

Friedrich Richter

Eine Liedergabe in schwäbischer Mundart für Jedermann

ISBN/EAN: 9783743416406

Hergestellt in Europa, USA, Kanada, Australien, Japan

Cover: Foto ©Thomas Meinert / pixelio.de

Manufactured and distributed by brebook publishing software (www.brebook.com)

Friedrich Richter

Eine Liedergabe in schwäbischer Mundart für Jedermann

Eine Liedergabe

in

schwäbischer Mundart

für

Jedermann

von

Friedrich Richter.

Nördlingen.
Druck und Verlag der C. H. Beck'schen Buchhandlung.
1862.

Vorwort.

Wie? Eine neue Liedergabe zu den tausenden, die wir Deutschen besitzen? — — Unsern Ueberfluß ins Endlose vermehren? — — Mein lieber Leser! die Gattung, welche hier in schwäbischer oder altwürttembergischer Mundart geboten wird, ist, wie du dich leicht überzeugen kannst, keineswegs in Masse zu finden. Auch wird die dargebotene Gabe, wie ich hoffe, für jedermann genießbar sein, für Alt und Jung, und wie man sonst die Menschen abtheilen mag.

Möge also das kleine Büchlein zur Ehre des Herrn der Welt ausgehen unter viele und durch seinen für alle passenden Inhalt nicht nur Ergötzen, sondern auch Nutzen bereiten! Würde diese Hoffnung nicht unerfüllt bleiben, so könnte ja späterhin das sehr kleine Büchlein auch ein wenig zulegen.

Bopfingen in Württemberg, den 25. November 1861

Der Verfasser.

Hausfriede.

'S Bcſt iſt der Fried' im Haus;
Fliegt der zum Fenſter naus,
No iſch mit Aellem aus.

Hüetet da Frieda recht,
Sonſt goht es weger*) ſchlecht;
'S bleibt ich**) fei Magd und Knecht.

Laſſet en nemme naus,
Schließet en feſt ins Haus,
Sonſt iſch mit Aellem aus!

———

*) weger = wirklich, in Wahrheit.
**) ich = euch.

Weckruf.

Aus de Better
'S ist schö Wetter;
Net lang b'sonna,
No isch g'wonna!

Auf und betet!
Auf und tretet
Frisch an b' Arbet!
D' Faule barbet.

Wer se reckt,
Wer se strecket,
Bleibt a Schlucker,
Bleibt a Drucker.

D' Sonn isch hoba,
Koi's bleib broba!
Runter, runter,
Frisch und munter!

Der Waise.

I bin na arm's Büeble, gent mir au ne Brod,
Mei Vater und Mueter send ällebeid todt.

Vor'm Johr no an Pfingsta, do hent se no g'lebt,
Kei Mensch hätt es glaubt, daß ma Beide vergräbt.

Was hilft's, daß i greine, was hilft's, daß i schrei,
Dia Leut werdet zornig und schempfet mi glei.

I han au so Hunger und bin so im Leib,
Mei Vater, mei Mueter send g'storba ällbeid.

Warnung.

'S Flucha isch a baise G'wohnet;
Wann ma so em Teufel frohnet,
Goht es z'letzta doch in b' Höll,
Sag mer Diner, was er wöll.

Hot ma net sei Zung zum Segna?
Soll ma net mit Lieb begegna
Jeadem Menscha? — 'S ist a Schand,
Was es Fluecher geit im Land.

Kinble, loß de net verführa,
Loß es Fluacha! — Du wurst spüra,
Daß a gueter Geist do bleibt,
Wo me'n net mit G'walt vertreibt.

Loß bei Herz im Himmel bleiba,
Mueßst es net der Höll verschreiba;
'S Fluecha bringt Din doch in b' Höll,
Sag mer Diner, was er wöll.

Der gute Herr.

Mei Gäule isch a prächtig's Thier,
Es lauft ber*) ohne Goißel schier;
I derf no: „Bläßle" saga,
No thuet's Galopp aschlaga.

Es isch mer um koi Geld meh foil
Und kriegt au z'fressa wohl sei Thoil;
Der Haber wurd net ge'sparet,
Wann mir dur's Ländle fahret.

Jo, jo, mei Gäule, lauf du no,**)
Du kennst me etlich Jährla scho;
I wur net anders werra,
Du hosch en gueta Herra.

---

*) ber = dir.
**) no = nur.

Gedeckter Tisch.

Danket Gott, daß es euch schmeckt,
Der hot euch as Tischle deckt;
Sends net Pfeffernüßla grab,
Isch es doch a rechte Gnad.

G'segnet isch es, was ma n ißt
Wann ma 's Danka net vergißt;
Schämet ich nie vor be Leut,
Weil es unterschieblich geit! —

Wem as Danka isch a Last
Und as Tischgebet a Brast,
Der isch weit aweg vo Gott
Und sei Christathum a Spott.

So soll es bei uns net sei,
Noi, mir bittet, Groß und Klei,
Danket au, baß es uns schmeckt,
Deam, der hot as Tischle deckt.

Der Jägdler.

Der Jergle früeh und spot
Mit seiner Büchsa goht;
Es zittert 's Wild im Wald,
Wann's Jergles Büchsa knallt.

Mit Kugla und mit Schrot
Bringt er in Todesnoth,
Was drauße lustig springt;
Koi Vögele maih singt.

No etlichmol fehlt's au,
Do schießt er halt ins Blau,
Und 's Häsle lauft derwo
Vor so 'ma Erzlujo.

Lob der Redlichkeit.

Es geit so katzefalsche Leut,
Daß Ein as Leba nemme freut;
'S geit Leut, se könnet lüega,
Daß se die Bälka biega.

Wer b' Wohret sait, des isch mei Ma,
Wer reblich ist, kommt oba na;
In's G'sicht ka der Ei'm schaua,
Und so Ei'm derf ma traua.

A Lügemaul isch voller Grind,
A falsche Katz a Teufelskind;
Gott wird die selle*) richta
Und äll ihr Glück vernichta.

A reblich's Gmüeth, des b'hüetet Gott
Vor bera schlimma, falscha Rott,
Und wird em Glück beschera,
An Himmel voller Ehra.

---

*) die selle = dieselbigen.

Der Geizteufel.

'S ischt a Teufel um ba Geiz,
Dear macht b'Welt so volla Kreuz;
Brächtet mir ba Geiz airst naus,
No wär' b' Welt a Gotteshaus.

Bei be beste Freu'b, bo spuckt's,
Bei be beste Freu'b, bo zuckt's,
Wann as Geld isch in der G'fohr
Und der Zei's *) ausbleibt im Johr.

Ja, was könnt' ma saga net,
Wann ma viel verzähla wett;
Aelle Tag kommt es Eim für,
Daß der Geiz verschluißt sei Thür.

Arme Seela, werdet frei!
Des isch jo a Kschlaverei,
Und a Fluech isch und a Kreuz
Um bean baisa, baisa Geiz.

---

*) Zei's = Zins.

Diebshehler.

Mit g'stohla, mit g'henkt!
Es bleibt ich ner g'schenkt.
Ihr thänt so uschulbig,
So fromm und gebulbig;
Ma kennt ich halt doch,
Ihr müesset in's Loch.

Ihr send mer a War,
Dia Sach isch so klar;
Aus isch as Verstecka
Und aus as Verbecka;
Mit g'stohla, mit g'henkt!
Es bleibt ich ner g'schenkt.

Sei mitleidig!

Plog dein Gaul net und bei Kueh,
Gott der Herr sieht immder*) zu,
Und sei Strof bleibt g'wiß net aus,
D' Ruetha kriegst und 's Beil ins Haus.

Sei mitleidig, sei a Christ,
Wie du g'schuelt und g'lehret bist;
Gib de Thierla guate Wort,
No bringst du se besser fort.

Halt se recht im Fueter au,
Wo n es fehlt, do komm und schau;
'S kommt der Aelles wieder rei,
Dann se bleibet länger bei.

Aber 's Ploge, sell isch schlecht,
Sell isch bais und ugerecht,
Und bei Strof bleibt g'wiß net aus,
D' Ruetha kriegst und 's Beil ins Haus.

---

*) immder = immer.

Gottes Wille.

Es kommt scho wieder besser,
So rüstet no die Fässer!
Es wachst a gueter Wei.
Den kriegt ma heuer drei.*)

Ma mueß net glei verzaga
Und net die ganz Zeit klaga;
Des Murra isch a Sünd
Für jedes Menschekind.

A Vater braucht sei Ruetha,
Do kommt es bis zum Blueta;
Er wird erst wieder guet,
Wann ma sein Willa thuet.

Thät ma doch Gottes Willa
Hurtig und gern erfülla
Und ließ net hintabra
Den Gott, der Aelles ka!

———

*) drei = darein, dazu.

Bleib im Land.

Wer sei Güetle hot vertwischt,*)
Wo ner selber schneidt und drischt,
Bleib im Land und nähr se drinn
Reblich in sei'm Christa=Sinn!

D' Viele macht es jo net aus;
Sei du z'frieda, brengst be naus;
Endlich nemmst koi Späle**) mit,
Wann b'au immber mehner witt.

Guck, du mueßst halt doch ins Grab;
Ohne Huet und ohne Stab
Leischt***) im Taubtahemmad bo;
Was isch äll bei Arbet no? —

---

*) vertwischt = erwischt.
**) Späle = Spänlein.
***) leischt = liegst.

Mutterherz.

Mei Kindle isch in Himmel komma,
Der lieb Gott hot mer's wieder g'nomma;
Es thuet mer in der Seel drinn weh,
Daß i des Herzle nimme seh.

Mei Leib kann i fast net verwinda,
Daß i des Kind ka nirgends finda:
Es thuet mer in der Seel drinn weh,
Daß i mei Herzle nimme seh.

Wann b' Sonn thuet dur die Fenster scheina,
No mueß i auf sei Wiegle greina;
O dürft' i selber heima geh,
Daß i mei Kindle wieder seh!

Des Vaters Segen.

'S Vaters Sega baut die Kinder
  Scho a Hütt 'uf dera Welt,
Krieget Aecker, Wiesa, Rinder,
  Schäf und Aelles, was en g'fällt.

Wann a Krieg isch, wann's a Kranket,
  Hunger und Aibbeba*) geit,
Und die stärkste Schlösser schwanket,
  Daß ma nemme sicher leit.

No ka ma dean Sega spüra
  Wo vom Vater hot der Bue,
Und es Herz thuet es oim rühra,
  Daß as Uglück ka net zue.

So na Kind hot's guet. Ihr Kinder,
  Folget eure Elter glei!
Schäfle krieget ihr und Rinder,
  Guete G'sundheit au derbei.

---

*) Aibbeba = Erdbeben.

Und ihr könnet länger leba
Als zwe Andre mitenand;
Z'letzta wurd ich Gott erheba
In da ällerhaichsta Stand.

Lug und Trug.

In meiner Uhr do isch a Butz,
Se goht halt net, se isch ner nutz,
Und kost me doch a Heidagelb,
Der Uhramacher hot me g'schnellt.

A Johr han i bra g'spart und knorgt,
Mei Brueder hot mer au no*) borgt;
G'freut han i mi as wie na Kind;
Daß mir mei Freud jetzt so verrinnt!

Vo rechts und links uf dera Welt
Wurd ma betroga no**) und prellt;
Wer aber goht uf krumme Weag,
Deam fehlt vo Gott as Best, der Seag.

Wie's Geld rei kommt, so mueß es naus;
Es isch koi Glück, koi Stern im Haus,
Wann Diner ander Leut betrügt
Und schandlich, wie der Teufel, lüegt.

---

*) no = noch.
**) no — hier = nur.

Krieg und Friede.

A linde, guete Friedeszeit,
Des isch ich*) wohl a Kostbarkeit,
Ma ka a Aellem bleiba
Und, was ma will, umtreiba.

Der Krieg, des isch a baiser Gast
Und für ba Burgersmann a Last;
Ma braucht ba letzta Heller,
Und leer wurd Küch und Keller.

Dank Jedes für ba Frieba recht!
Der Krieg macht b'Leut au faul und
schlecht;
Keck macht er und vermessa,
Lieblaus und gottvergessa.

---

*) ich = euch.

Der arme Mann.

B'halt net da Loh' im Haus,
Zahl beine Leut glei aus!
A Mancher braucht sei Sach
Und wartet brauf mit Ach.

A Mancher isch bei Nacht
In lauter Sorg verwacht,
Und er benkt werle no*):
„Hätt' i mei Geld boch scho!"

Guck, viele arme Leut,
Die leabet g'rab vo heut;
Zahl se am Obnebs aus,
B'halt net da Loh' im Haus!

---

*) no = noch.

Bei Nacht.

Schau bia Sternla brobe na,
Denk, was der im Himmel ka;
Hoſt be au ſcho vor em bückt,
Wann bei Sach bir feinble*) glückt?

Des ſenb lauter Sonna ſchier,
'S hot a jede ihr Revier;
'S glitzert wie 'ne Feuermeer,
Unſrem Gott iſch äll bes Heer.

Au des Würmle bo, ſo klei,
Geit en ſchöna, hella Schei;
Mit ſei'm Liechtle fliegt's bur b' Nacht;
Ei! wer hot des Würmle g'macht? —

'S Waſſer got heut gar ſo ſtill,
Füeg de Gott, ſo wien er's will;
D' Luft iſch heut ſo warm und linb,
Bet zu Gott und bleib ſei Kind!

---

*) feinble = ſehr.

Frohe Hoffnung.

Weg jetzt mit der Decke, 's ist aus,
Fort jetzt mit am Schnai, und gant*) naus,
As Feld hot jetzt gruebet**), es isch
Verquickt vo sei'm Gruebe und frisch.

D' Sonn hot ich scho wieder a Kraft,
No naus auf ba n Acker und g'schafft!
Es isch, moine ebba***), kei G'fohr,
Mer kriege a g'segnetes Johr.

Der lieb Gott hot mit es Gebuld,
Und send mer scho äll in der Schuld,
So streut er sein Sega doch aus
Auf Wiesa und Aecker und Haus.

———

*) gant = gehet.
**) gruebet = geruht.
***) ebba = etwa, fast.

Erkenntniß.

Was moinet denn ihr,
    Komm i wieder uf b' Welt,
No wur i a Herr,
    Und die Sach isch scho b'stellt.

Bin i jetzt a Bau'r,
    Ja, no bleib i es scho;
An andermol airst,
    Do komm i als Baro.

An andermol goht's
    Eba g'rad, wie ni's will;
Für desmol bin i
    Halt so z'frieda und still.

Der ober uns geit
    Am a Jeda sei Stell;
Sei z'frieda mei Herz,
    Gang es au, wie nes wöll.

Er hot jo b' Welt g'macht,
   Und sei g'hört, was ma siecht;
Wer woiß, was Er thuet,
   Und wer sait, was no g'schicht?

Der Airst wurd der Letzt,
   So könnt's gar amol sei;
As g'scheit'st ist, i schweig
   Und red Gott ner meh drei!

Der Sensenmann.

„'S goht so sachte bei der, Lips!*)
Balb hot bi der sell am Kribs,
Deam ma b' Seges**) geit in b' Hand,
Kennst en scho, du hosch Verstand."

„„Sachte goht es, sell isch wohr,
Morga wur i achtzig Johr,
Doch komm i da Berg no nauf,
Wann i au a bisle schnauf.

Du bist halb so alt als i,
Als a Kindle woiß i bi,
Wer verroth's, ob i net au
Dir no in bei Grab nei schau.

Mancher hot scho glaubt, er sei
Gar no net so noh derbei,
Isch in's Bett wie sonst bei Nacht
Und isch Morgens net verwacht.

*) Lips = Philipp.
**) Seges — Sense.

D' Seges vo beam Ma, se mäht
Oine früeh und oine spät;
Send mer wach und schlofet net,
Möcht er komma, wann er wett.""

Nachruf.

Du schlimmer Patro',
Laufst uf und dervo;
Dei Kind und bei Weib
Schaffst du der vom Leib.

Du fürchtiger Strick
Hoft ewig koi Glück,
Und findeft koi Brod
Und goscht in dein Tod.

A Rächer isch Gott,
Der macht be zum Spott,
Du büeßst no bei Sünd
Am Weib und am Kind.

Du fürchtiger Strick,
Noi, du hosch koi Glück,
Und findeft koi Brod
Und goscht in dein Tod.

Das beſſere Theil.

Der Weg in b' Höll iſch broit,
Ma hot a prächtig's G'loit,
Und Pauka und Schalmei
Spielt auf zum Tanz: Juhei!

Juhei, juhei, juhei!
Bald iſch bia Freud verbei,
No fangt as Heula n a,
O bia ſend übel dra!

Jetzt lieber Schmerz und Leid
Und böt*) die ewig Freud,
Als jetzt: Juhei, juhei!
Und in der Höll as G'ſchrei!

---

*) böt = dort.

Eisenbahnlied.

Moi*), uf der Eisebah,
Do goht es schnell füra,
Und ma sitzt prächtig drauf,
Do hot es jo sein Lauf.

Putsch, kommt ma do vom Fleck,
Kommt ohne Müeh zum Zweck;
Du wurst wegblosa fast,
Wann du di g'setzet hast.

Koine Roß spannt ma na,
Uf dener**) Eisebah;
'S Fuier isch, was es treibt,
Daß ma net sitza bleibt.

Des isch a Wissaschaft,
Hot ich bear Dampf a Kraft;
Nuf uf dia Eisebah!
Do goht es schnell füra.

---

*) Moi = meine, glaube mir!
**) dener = dieser.

Keine Stubenhocker.

'S Stubahocka isch net guet,
'S macht a schweres molzig's Bluet;
In der Juged mueß ma naus,
Schäblich isch es do im Haus.

Hot ma se vertummlet recht,
No schmeckt 's Essa niemol schlecht;
Rüeba n ißt der Bua und Kraut,
Wann sei Mägle kurret laut.

'S Söhle wurd a g'sunder Ma,
Wo au ebbes baura ka,
Und der Rega und der Schnai
Thuet em no net feinble waih.

Aber d' Stubahocker send
Ganz verbuttet und elend;
Haucht se no a Lüftle a,
Wernt se krank und lieget na.

Laichet*) äls**) bia Büebla naus
Aus der Stuba, aus am Haus;
Losset se vertummla recht,
Dann ma braucht a kräftig's G'schlecht.

*) laichet = jaget.
**) äls = immerhin.

Die Feder weg!

No koi Protokoll!
'S macht bia Leut airst toll.
Wer schreibt so na Ding?
Z' ärmlich isch und z'ring.

D' Feder losset gau,
Koiner hot was thau;
Aelleboida send
Jetzet grad verblendt.

Morga send se guet,
Wann bia Klag biruebt,
Aber 's Protekoll
Miech' *) se werle toll.

*) miech = würde machen.

Edler Trutz.

Aelles will jetzt sein Kaffee,
Suppa mag ma nemme meh,
Und die Zeit vom Haberbrei
Isch jetzt g'moiniglich verbei.

So isch mit der Kloibing au;
Wann i wia na Sperber schau,
Woiß i's net, wie hauch und reich;
'S thuet's a Lump am Schulza gleich.

Aber i, beam Ding zum Trutz,
Loß da Lumpa ihren Putz,
Trag mein Kittel wie ner isch,
Bleib i g'sund no brinn und frisch.

Und a dicker Haberbrei,
Dear vertloibet mir net glei,
Dear geit Kraft; an Scheffelsack
Schloif i, ohne daß i knack.

Höchste Zeit.

Jetzet isch verführt der Karra,
Aelle Räder thänt bra knarra,
'S Fahra ka ma nemme loba,
Wer druf sitzt, der bleib net broba!

'S goht berekt in Graba eine,
Des hoiß i a Fahrt, a feine,
Wer no z'ruckbleibt uf'm Karra,
Wann er fällt, kriegt der sei Schmarra*).

Abe, abe! sag' i wieder,
Rettet eure g'sunde Glieder!
Springet uf an andra Waga,
Scho drei Viertel hot es g'schlaga! —

---

*) Schmarra = Verwundung.

Der alte Poſtillon.

I bin a n alter Poſtilliau
Und diene vierzig Jährla ſchau,
Bin niemol no verlega
Im Sturm und Schnai und Rega.

Steif wär' i freile in de G'lenk,
Und wann i a mei Jugeb denk,
Do hent ſe Knia no boga,
Bin uf da Bock nauf g'floga.

Jetzt brauch i ebba n au mei Zeit
Und fahr net g'rad maih*) ſölle**) weit,
Doch ſchmeiß i Koin in Graba
Und loß mei Rößla traba.

Ma kennt me vierzig Jährla ſchau
Uf unſrer nächſta Statiau;
Niemol bin i verlega
Im Sturm und Schnai und Rega.

---

*) maih = mehr.
**) ſölle = ſehr.

Die Metzelsuppe.

A Säule ka ma net entbehra,
A Würstle isch a guete Sach;
Ma braucht ich brüber net z' belehra,
Der Appetit isch jo net schwach.

Des isch a Freud, wanns Aella schmecket,
Und Koi's sei Thoile liega loht;
Dia Schüßla send fast wie ausg'schlecket,
Weil mit am Speck au's Kräutle goht.

Vo oiner Metzelsupp zur andra
   Zählt mancher Bue im Johr bia Tag;
Es bleibt der Knecht, wann er muß wandra
   Do, wo na Säule ma vermag.

Er denkt: „Wo's zue'ra Metzelsuppa
   Net langt, bo goht es ärmlich her;
Ma könnt vor Hunger se verpuppa,
   As Fasta wär mer sölle schwer." —

Doch sait der Herr vo'm Schweinebrätle,
Vo Brot- und Bluet- und Lebra-Wurst,
Vo Spätzla gar no as Zuethätle
Und vo'm a küchla Trunk für Durst.

No hot der Knecht sei Nestle g'funba,
Wo ner gern bleibt und emsig schafft;
A Manches wurd ich überwunba,
Weil b' Metzelsupp im Kopf brinn haft.

Drum ka ma b' Säula net entbehra,
Und b' Würstla send a guete Sach;
Wers no net glaubt, dean soll belehra
An Anderer, wo's besser mach!

Ins Waſſer!

Wägle *) net immber und thua doch bei Sach,
Sei net ſo lumpig und ſei net ſo ſchwach;
No grab in's Waſſer und mitta der bur,
Iſch küehl im Waſſer, des ſtärkt bei Natur.

Schnatterſt a bisle, des macht's jo net aus,
Kommſt aus em Gumpa **) doch au wieder
raus;
Alleweil rüſtig, ſo müſſe mer ſei;
Mitta in's Waſſer, no mitta b'rei nei!

———

*) wägle = erwäge, zaudre.
**) Gumpa = tiefe Stelle, Schlund.

Gesunder Leib.

„Net wohr, i krieg halt koin Brotes *),
Mi vergißt ma, ja so goht es,
Dann i bin a n armer Kerle,
Mi vergesset se jo werle**).

O wär' i no hauch gibora,
Und mei Hor net kurz ag'schora,
Hätt' i feiner's Tuch am Kittel
Und zum Name au en Titel.

Auser Dis ***) isch gar verkürzet,
'S isch ner g'schmalza, 's isch ner g'würzet,
Auser Diner hot's Züschaua
Bei de Herra, bei de Fraua." —

„„Klag net, bist a g'sunder Bengel,
Mancher Herr a bloacher †) Stengel,
Kommt vom Apethaiker nemme
Und net aus as Dokters Schwemme.

---
  *) Brotes = Braten.
 **) werle = wahrlich.
***) Auser Dis = Unser Eines.
  †) bloacher = bleicher.

Wann des Brotes macht em Drucka,
Was hilft no as Abeschlucka?
Sei du z'frieda mit dei'm Essa;
Hot der Schöpfer di vergessa? —

Geit er dir net au bei Stückle?
Kriegst du net a manches Schlückle?
Dank's em no und loß der's schmecka;
Schwarz Brod backet älle Becka.

Schwarz Brod isch so guet als Brotes,
Wann ma Hunger hot, so gohts es;
G'sunder Leib ka was vertraga,
Du derfst werle nemme klaga.

Mann und Weib.

Der Herr hot em Adem
   A Evele gea,
Do hot er en freile
   Am besta verseah.

Alloi uf der Erda,
   Des wär jo n a Graus;
Wer hielt es alloinig
   Am End au no aus!

Selbander isch besser,
   Selbander isch guet;
As Di macht am Andra
   En fröhlicha Mueth.

Mer schafft mitenander
   Und ißt au und trinkt
Am Tisch, wann am Obneds
   Die Sonn abe sinkt.

Es fangt ich as Leba,
  Selbander airst a;
Der Herr hot's so g'ordnet,
  A Weib g'hairt*) em Ma.

---

*) g'hairt = gehört.

Kinder-Segen.

A Haus voll Kinder isch a Seg
Uf älle Weg;
A Haus voll Kinder isch a Seg.

Sie wachset auf so g'sund und frisch
An unsrem Tisch,
Sie wachset auf so g'sund und frisch.

Mir send se älle zema*) recht,
A frohes G'schlecht,
Mir send se älle zema recht.

Wenn's net so wär, es wär' a Sünd,
Ihr liebe Kind!
Wenn's net so wär, es wär a Sünd.

Der guete Gott gibt uns die Kost,
Des ist mei Trost,
Der guete Gott gibt uns die Kost.

*) zema = zusammen.

Ihm übergib i Groß und Klei,
Sie send jo sei,
Im übergib i Groß und Klei.